AF296099

LES
BAINS DE MER

LA PLAGE DU PRADO

ET

LA PLAGE DE TROUVILLE

PAR

ALFRED SAUREL

Collaborateur de la *Revue de Marseille*,
Lauréat et Membre de la Société de Statistique de Marseille et de plusieurs
autres Sociétés savantes et littéraires, auteur d'un grand nombre
de Monographies provençales, etc.

MARSEILLE

TYPOGRAPHIE MARIUS OLIVE
RUE SAINTE, 39.

—

1871

BIBLIOTHÈQUE NATIONALE R.F. IMPRIMÉS

A MADAME ALFRED SAUREL

C'est à toi, chère amie, que je dédie cette petite brochure.

C'est sous tes yeux que j'ai décrit des plages que nous avons visitées ensemble.

Que ton nom soit donc ici uni au mien, comme mon affection est liée à la tienne.

ALFRED SAUREL.

LES BAINS DE MER

LA PLAGE DU PRADO. — LA PLAGE DE TROUVILLE

Nous voici décidément entrés en été. Comme d'habitude, mai a été pluvieux, juin a été rempli de coups de vents et de refroidissements subits de température ; on a cru un instant que les chaleurs n'arriveraient jamais ; fausse alerte ! avec juillet le thermomètre a monté, le sol s'est échauffé, l'atmosphère est brûlante, on songe, malgré soi, aux avantages de l'ombre, aux délices de la brise du soir, aux sensations suaves que procure l'eau froide ; on envie le sort des cygnes et des canards, le mot de bains est dans toutes les bouches. Vive les bains !

Oui, mais vive surtout les bains de mer ! disent les jeunes filles étiolées, les épouses débilitées par le travail de la maternité. Vive les bains de mer ! crient aussi à pleins poumons les collégiens fougueux et les vigoureux ouvriers de nos ports : c'est l'été : il fait chaud, allons chercher la fraîcheur là où on la trouve. Vive les bains de mer!

Filles, épouses, collégiens, ouvriers ont entendu raconter par leurs tantes et leurs aïeules les plaisirs qu'accompagnaient jadis les bains de mer. Cette immersion dans l'eau salée n'était pas autrefois une simple opération balnéaire ; on ne se jetait pas seulement dans l'onde, on ne se contentait pas de lutter contre les vagues et d'essayer, contre les lames à la crête blanche, la vigueur des jambes ou l'agilité des bras.

La jeune génération a entendu celle qui l'a précédée faire le récit de ces goûters sur les rochers hospitaliers d'*Endoume*, dans les calanques du *Roucas Blanc* et sur la plage du *Prado* ; de ces parties de plaisir dont on s'occupait huit jours à l'avance, dont on parlait encore un mois après ; de ces réunions de famille ou simplement de voisins qui se dirigeaient en chantant jusqu'au bord de l'eau, se jetaient dans la mer tous ensemble, se déshabillaient et se rhabillaient un peu pêle-mêle, à peine séparés par une roche ou par un monticule de sable et terminaient par un repas rehaussé de chansonnettes et parfois de baisers furtifs, une après-dînée d'indépendance et de grand air.

Mais jeunes filles, épouses, collégiens et ouvriers du jour n'ont pas joui de tous ces plaisirs intimes, et le bain de mer se résume pour eux dans de vulgaires plongeons ou de prosaïques brassées.

N'accusons pas la population actuelle de ce changement de mœurs ; la mer, aujourd'hui, n'est plus ce qu'elle était naguère ; l'eau n'a pas changé sans doute, mais les moyens de s'y tremper sont tout différents. Adieu, plages, calanques et réduits hospitaliers ; tout a été détruit par les travaux modernes. Les ports nouveaux font la richesse de notre ville, nos chemins de ceinture font son orgueil; mais les uns et les autres, en modifiant profondément nos côtes, ont nécessairement fait disparaître l'engouement qu'avaient nos pères pour les promenades au bord de l'eau et l'exercice salutaire des bains froids.

Aussi quand on se plaint devant moi de ce que la génération actuelle préfère les plaisirs débilitants du café aux courses fortifiantes sur les rochers ou les plages de la côte, je ne puis m'empêcher de faire remarquer que si beaucoup de gens ont abandonné les bords de la mer, c'est qu'il n'est, pour ainsi dire, plus possible d'y mettre les pieds.

Que sont devenues l'anse de l'*Ourse*, les bains *Giraudy* et la plage d'*Arenc* avec le Château vert ? *La Madrague* est-elle praticable maintenant, et les environs du *Cap Pinède* ne sont-ils pas remplis de débris de briques et de verreries, de terres rapportées et de détritus de toute nature ?

De l'autre côté la situation n'est guère meilleure. Les anses de la *Réserve* et du *Pharo* n'existent plus pour les baigneurs. On a laissé établir aux *Catalans* des industriels qui ne livrent l'eau qu'à ceux qui la paient très-cher ; le chemin de *ceinture* rend inaccessibles les rochers de *Saint-Lambert*, et du *Roucas-Blanc* ; l'anse de *Malmousque* est presque couverte de maisons ; la plage du *Prado*, bordée par une route fort belle sans doute, mais que sillonnent les piétons et les voitures, a ses galets tourmentés par le ressac des vagues qui se brisent sur les rochers protecteurs de cette route ; *Montredon* lui-même n'est plus le *Mont-Redon* des amateurs de pêche de la Restauration ; si l'on veut prendre un véritable bain de mer, si l'on désire, comme autrefois, goûter sur le rocher, qui jadis était noir de moules ou gris d'arapèdes, on cherche en vain une place. Pas d'autre alternative : il faut s'en retourner à sec ou entrer dans un établissement payant, frotter souvent sa chair contre la peau d'un inconnu, barbotter dans une eau d'une propreté douteuse, salie qu'elle est par les cendres des bateaux à va-peur et la fumée des pyroscaphes qui font le service des voyageurs, s'enfermer dans une cabine imprégnée de l'odeur du baigneur qui vient de la quitter, humide de l'eau qui a découlé des jambes de ce baigneur et du chien qui l'accompagnait, que sais-je encore, et s'en aller re-prendre un omnibus chaud et couvert de poussière, après avoir donné au garçon de l'établissement une étrenne qu'il a reçue en vous remerciant à peine.

Vive les bains de mer au grand air, au grand jour, au grand soleil même, au milieu des vagues franches de la plage et loin du grouillement des apprentis nageurs et de cocottes fardées, dignes protégées de l'homme in-fâme de Sédan.

Je constatais récemment (1) que la municipalité d'Aix avait laissé détruire, sans en rien conserver, les bains et les constructions bâties sous le régime de son fondateur Sextius Calvinus. Il faut bien consigner, comme docu-ment historique, que les Marseillais, pour rendre le che-min plus doux aux tape-culs et aux bogheis de Montre-don, ont laissé détruire ce qu'ils auraient dû conserver soigneusement, la plage du Prado.

Comme tous les faiseurs de guides, dans *Marseille et ses environs* (2), j'ai exalté cette plage, j'en ai donné une description propre à surexciter l'imagination des tou-ristes qui ne l'ont jamais vue; mais, hélas! sans regret-ter ce que j'ai fait par patriotisme, je suis bien obligé de convenir qui si, pour la limpidité de ses eaux; la beauté de son horizon, la proximité du chemin de la Cor-

---

(1) *Guide de l'étranger dans la ville d'Aix*, page 14.
(2) *Guides diamant*, collection Joanne, pages 179 et 184.

niche et de la promenade qui la relie à la **ville**, la plage du Prado est supérieure à la plage de Trouville, pour la finesse de son sable, la douceur de sa pente et son étendue, la plage de Trouville est préférable à la plage du Prado.

En établissant, sans passion, le parallèle entre les deux points, peut-être verrons-nous si, en l'état actuel, la plage marseillaise doit prendre le pas sur la plage normande, et si, avec un peu plus de soins de la part des Phocéens modernes, le Prado ne lutterait pas avec avantage contre Trouville.

Au moment d'entreprendre cette étude comparative, je me demande si l'impartialité devant être mon unique préoccupation, je ne dois pas réserver à d'autres que moi le soin de décrire les charmes du Prado ? Ma plume serait évidemment portée à flatter la plage marseillaise au détriment de la rivale que je lui oppose. Mieux vaut dès lors que je laisse parler des auteurs parisiens et autres qui, dans divers *guides* de voyageurs ou de touristes, ont eu la prétention de faire connaître Marseille aux Marseillais eux-mêmes.

« Le Prado (1), situé à l'extrémité de la rue de Rome, est une belle promenade ombragée par de magnifiques allées de platanes, qui vont se perdre majestueusement dans la mer ; elle est entourée de châlets, de bastides, de pinèdes construits à grands frais par l'opulence marseillaise ; aussi tout y respire la somptuosité et la richesse, et après tout cela on ne s'étonnera pas si j'ajoute que c'est là qu'est le rendez-vous du monde élégant. »

« La magnifique avenue du *Prado* (2), commence à la

(1) *Petit guide du voyageur à Marseille*, page 15.
(2) *Guides Philipps, de Paris à Marseille*, page 202.

place Castellane et se continue jusqu'à la mer sur une longueur de près de cinq kilomètres.

« A droite et à gauche ce ne sont que villas élégantes jardins aux frais ombrages, aux fleurs brillantes et par- fumées ; pour le promeneur étranger, c'est un enchante- ment continuel. A l'extrémité, à gauche, près d'arriver à la mer, arrêtons-nous pour visiter la *villa Borély*. C'est dans les vastes prairies de cette magnifique propriété, au bas des hautes chaînes de Montredon, qu'est le *champ de courses*. La villa Borély est bornée au midi par la mer. »

D'un autre côté, voici comment le fondateur-directeur de la *Revue de Marseille*, M. Auguste Laforet, a décrit le *Prado* dans une pièce de vers intitulée : l'*Anniver- saire de la naissance de Puget* (1) :

Du point où s'arrondit la place Castellane,
Le sol, jusqu'à la mer, se profile en dos d'âne.
C'est un *Turf* grandiose, où le cheval pur sang,
Où du Wurtz, du Briska l'attelage fringant,
Sans qu'un frein importun les irrite et les lasse,
Au gré de leur ardeur dévoreront l'espace.
C'est pour l'humble piéton qu'éblouit le soleil,
Un dôme de verdure à nul autre pareil ;
Chaussée, ombrage, vue, ici tout est immense,
Et le *Prado* finit où l'infini commence.

On ne saurait trouver mauvais qu'à propos de *Plage*, je cite si volontiers ce qu'on a dit et de la promenade et du château Borély et du chemin la Corniche. Quand il s'agira de Trouville, je ne manquerai pas de faire valoir ce qu'on a écrit des abords de sa plage.

(1) Voir la livraison de novembre 1856.

« Le château Borély (1) un palais de prince, villa royale, élevée par un négociant de Marseille. Il y a peu d'habitations de campagne, même bâties par les grands, qui puissent rivaliser avec le *Château Borély*. Excepté les *ville* Borghèse, Adriani et quelques autres célèbres dans tout l'univers, l'Italie n'offre rien de mieux. En voyant ce palais entouré de maigres bastides, on s'étonne d'abord que l'idée en soit venue à un simple négociant, puis on s'étonne encore plus que cette idée n'ait pas trouvé autour d'elle vingt imitateurs. A l'époque de la construction, il y avait à Marseille vingt maisons de commerce aussi riches que la maison Borély.

« Sur le bord et presque au niveau de la mer, au milieu d'un bois régulier de jeunes pins, encadrés entre une magnifique terrasse et une cour grandiose, s'élève le château, élégant et simple édifice, d'un goût pur, bien divisé pour l'effet, avec de belles lignes et d'un effet imposant. Au bas de la terrasse, un bassin et des cygnes qui nagent dans ses claires eaux; plus bas un quinconce de beaux arbres et la rivière au fond. Des vignes, des jardins et des prairies forment le troisième côté du tableau. La mer est l'étincelante bordure du quatrième. Il faut compter dans l'effet de ce paysage, *l'embouchure de l'Huveaune, se jetant dans la mer avec la prétention et presque le bruit d'un grand fleuve ; les barques de promeneurs qui remontent le courant sous les épais berceaux de frènes abritant les deux rives ;* les collines boisées de Mazargues qui verdoient au fond et les échappées de vue sur le bassin

(1) *Marseille, album des étrangers et visiteurs*, page 184.

de Marseille. Je ne dis rien des îles, des vaisseaux
en quarantaine à la jetée neuve du port *Frioul*, ni du
phare de Planier, qui, la nuit, scintille comme une
étoile rougeâtre : ce tableau revient trop souvent dans
ce livre et l'étranger se lasserait plutôt de me lire,
que de l'admirer. »

La lecture de ce passage prouve bien l'avantage
qu'on retire de consulter les écrits sortis de la plume
des étrangers. Un Marseillais pur sang n'aurait pas eu
sans doute l'idée de faire remonter le fleuve de l'Huveaune à de nombreuses barques de promeneurs ;
le tableau n'en est pas moins réussi et il mérite d'être
particulièrement mentionné. Mais je ne suis pas fâché
d'opposer la rivière du Prado à la rivière de Trouville.

Revenons sur la rive droite de l'Huveaune et montons
la pente douce du *chemin de la Corniche.*

« Ce chemin (1) est une délicieuse promenade de
près de quatre kilomètres que l'on fait agréablement en
toutes saisons, même au cœur de l'hiver. Son expo
sition en plein midi et garantie qu'elle est par les hau-
teurs du côté du nord, fait que la température y est
toujours assez élevée pour s'y promener en calèche
découverte. A droite, la route est bordée de maisons
de plaisance et de bastides. Puis ce sont des rochers
presque à pic, avec des murs de soutènement et des
circuits en zig-zag surplombant la mer ; encore des
bastides nombreuses et superposées aux flancs de la
colline ; c'est du plus charmant effet. »

L'écrivain parisien n'oublie pas naturellement le
château Talabot et la villa du Roucas Blanc. En ce

____

(1) *Guides Philipps, de Paris à Marseille,* page 205.

qui concerne les hôtels et les restaurants qui abondent sur cette route pittoresque, il ne parle que d'un seul et pour cause peut-être.

« Voici, dit-il, au haut d'une terrasse, avec vue splendide sur la mer, le restaurant de la *Réserve* connu du monde entier. C'est en effet *Roubion* lui-même, le célèbre Roubion, qui est le maître de céans; c'est tout dire. »

Le guidiste connaît, on le voit de reste, le fameux vers de Boileau :

Et Lambert.—Quoi, Lambert?—Oui, Lambert.—C'est assez !

Voici maintenant le tableau qu'a tracé une autre main parisienne de la partie du chemin qui longe la plage du Prado :

« C'est dans cette scène animée (1) que viennent se montrer, *dans une pose indolente*, avec leurs grâces mutines, les belles dames de la société marseillaise, au type méridional si fièrement accentué, à l'œil noir et vif, à *la physionomie un peu dure*, à la vérité, dans son *immobilité*, mais s'animant tout à coup des passions les plus soudaines et les exprimant avec une singulière vivacité. A côté de ces brunes beautés qui attirent le regard, qui distraient plutôt qu'elles ne font songer, vient se placer quelque blanche figure du nord, *douce, rêveuse*, dont le calme contraste avec la pétulance méridionale. Car Marseille est *aujourd'hui* une ville de passage, et l'on y rencontre à chaque pas un curieux mélange de types et de manières.

« Le coup d'œil que présente la promenade du

(1) *Marseille et ses environs*, page 186.

Prado à cette heure est d'une singulière animation.
Les équipages et les cavaliers remplissent la chaussée,
tandis que les promeneurs suivent les allées. C'est un
mouvement et un calme qui rappellent le chemin du
Bois de Boulogne à Paris, au moment de la promenade. »

Je n'ai pas épuisé les guides et les citations que
je pourrais en extraire, mais je m'arrête pour ne pas
répéter ce que tous ont écrit, résumant en quelques
lignes ce qu'ils disent des environs de la plage.

L'avenue du Prado avec ses maisons de plaisance,
ses arbres magnifiques, le château des Fleurs, un peu
délaissé aujourd'hui, malgré les agréments qu'il offre
encore, ne peut se terminer plus heureusement, que
l'on aille jusqu'à la mer sans s'arrêter, ou qu'on se
dirige vers le château Borély.

Suffisamment chantée mais pas assez fréquentée par
la population marseillaise, la superbe villa de M. de
Panisse, avec ses allées et ses fleurs, ses châlets et ses
prairies, les tribunes élégantes de son champ de courses
et les crêtes festonnées des montagnes qui bordent
son horizon, assurera à la plage qui le touche une
supériorité que toute autre chercherait en vain à lui
disputer.

Je ne dois pas oublier pourtant que je parle du Prado
au point de vue des bains de mer. Mais cette mer,
voyez ce qu'en dit un écrivain parisien :

« La voici donc cette Méditerranée tant vantée et
tant chantée ! Lecteur, quelle qu'elle soit, votre im-
pression rêvée n'est point déçue ; vous êtes en présence
d'un spectacle merveilleux ! Dans quelques jours peut-
être, à Nice, du haut des Ponchettes, peut-être à

Monaco, du haut de son rocher légendaire, il vous sera donné semblable spectacle, mais aujourd'hui c'est une révélation. Si la Méditerranée est fouettée par les vagues de la tempête, l'effet est grandiose, terrifiant ; si, au contraire, le bleu sombre de ses eaux limpides et calmes se marie à l'azur du soleil rayonnant, ou bien encore à la pourpre dorée de l'aurore ou du déclin du jour, le grandiose immense s'efface devant nous ne savons quoi qui subjugue, ravit et émeut. Mon Dieu! que c'est beau! tel est le premier et seul cri qui vous échappe » (1).

D'accord, me dira-t-on, ce spectacle est admirable: comme aspect le golfe de Naples seul peut être opposé avec avantage à celui du Prado; mais au point de vue balnéaire que pouvez-vous dire de sa plage? Vaut-elle plus ou moins que celle de Trouville? Mis en demeure de choisir, le baigneur riche et désœuvré qui dépensera son argent aussi indifféremment dans le nord que dans le midi, sur les bords de la Méditerranée que sur ceux de la Manche, pour laquelle des deux plages se prononcera-t-il?

Des extraits de guides Joanne et autres répondront mieux que moi.

Consultons donc ces guides.

« Trouville, dit Ad Joanne (2) ville de 5694 habitants, située sur la rive droite de la Touques, à l'embouchure de cette rivière dans la Manche, au pied d'une riante colline couverte de maisons de campagne et de jardins, en face d'une vaste plaine de sable, n'était autre-

---

(1) *Guides Philipps, de Paris à Marseille*, page 204.
(2) *Trouville et les bains de mer du Calvados*, page 11.

fois qu'un modeste village composé d'un petit nombre
de cabanes habitées par des familles de pêcheurs.
En 1825, le peintre de marine Charles Mozin, séduit
par la beauté de la plage et des environs, y fit, d'après
nature, de charmants paysages exposés plus tard à
Paris. A Mozin succédèrent Isabey et d'autres paysa-
gistes, suivis bientôt d'hommes de lettres et de touristes. Trouville, complètement inconnu la veille, devint
non seulement célèbre mais à la mode. On y accourut
de toutes parts et chacun voulut y avoir une maison
d'été. Le prix des terrains que se disputaient les spé-
culateurs décupla en quelques années : maisons, villas,
kiosques, hôtels, casino, châlets, pavillons s'élevèrent
comme par enchantement, et toutes les fantaisies archi-
tecturales s'y manifestèrent avec une verve et une
audace qui confondent l'imagination. Aujourd'hui Trouville peut loger 20,000 étrangers. C'est le rendez-vous
des malades qui se portent bien, c'est Paris transporté
pendant deux ou trois mois aux bords de l'Océan. »

Maintenant que nous avons fait connaissance avec
la ville, passons à l'objet principal de ce mémoire.

« Les bains de mer, dit le même auteur (1), sont ouverts
chaque année dès le 1er juin. La plage, très-étendue et
doucement inclinée, est couverte d'un sable fin et uni,
sur lequel des planches servent de chemin à marée
basse. De petites voitures conduisent jusqu'à la limite
des vagues les baigneurs qui ne veulent point faire à
pied le trajet depuis les cabines jusqu'à la plage.
L'espace affecté aux bains est divisé en trois parties :
celle de gauche est réservée aux dames, celle de droite

(1) *Ibidem*, page 24.

aux hommes ; au centre est le quartier commun où sont admises les personnes des deux sexes qui veulent se baigner ensemble. »

Comme on le voit, l'auteur est forcé de mentionner l'inconvénient principal de la plage, l'éloignement Voici ce qu'il dit relativement à l'eau de la mer.

« L'embouchure de la Touques (p. 24) tendant à dévier vers l'Est, l'eau de mer, en face de la plage de Trouville, se trouvait naguère mélangée d'une quantité considérable d'eau douce à certains moments du flux et du reflux. Des travaux exécutés en 1869 pour redresser le cours de la rivière en aval des jetées ont eu pour résultat de faire disparaître cet inconvénient, tout en rendant plus facile aux navires l'accès du port de Trouville. »

Théoriquement parlant on peut avoir réussi, mais dans le fait l'eau de la Touques se mélange avec celle de la Seine, et du choc des deux courants résulte d'innombrables molécules blanchâtres dont l'effet est parfaitement appréciable à l'œil nu. Je reviendrai sur ce sujet ; auparavant, examinons Trouville au point de vue pittoresque.

« Dans les rues étroites qui avoisinent le port (1) les touristes curieux de contraste trouveront encore d'anciennes cabanes de pêcheurs qui leur donneront une idée du Trouville primitif. »

Mon fécond collaborateur Ad. Joanne pense que cette phrase un peu sèche suffit au flâneur qui visitera Trouville. A sa place, j'aurais ajouté bien autre chose.

(1) *Trouville*, page 16.

Ce ne sont pas seulement les vieilles masures normandes *que j'aurais signalées.* Comme toutes les habitations des riverains de la mer, les maisons des pêcheurs *et des matelots trouvillais sont pauvres,* basses, bariolées de couleurs criardes quand elles ne sont pas blanchies *à la chaux, et leur aspect ne donne aucune idée* du confortable. Ces malheureuses cabanes paraissent d'autant plus chétives qu'un peu plus loin les hôtels, les casinos et les cafés les plus riches se développent sur une vaste étendue.

L'opposition tranchée qui existe entre les résidences des étrangers et des riches baigneurs et les logements des indigènes, se montre aussi saillante entre les vêtements et les manières d'être des uns et des autres. Pendant que les Anglais et les Parisiens, couverts des vestons les plus courts, des pantalons les plus étroits et des chapeaux les plus ronds se promènent à droite et à gauche, gantés jusqu'aux coudes et affectant la plus grande raideur, les matelots, sales et quasi déguenillés, les pieds nus ou en sabots, s'en vont et viennent, portant leurs agrès de pêche ou leurs corbeilles de poissons, indifférents en apparence, mais calculant fort bien le montant et la valeur des produits qui, tout à l'heure, seront répandus sur les tables des restaurants.

Les grandes dames, après avoir traîné leurs longues robes sur le sable de la plage, viennent parfois se promener sur le quai pour voir descendre du bateau les nouveaux étrangers arrivant d'Honfleur ou du Havre. Elles s'arrêtent un instant devant les Normandes qui débitent les fruits, les coquillages et les poissons. Gantées, pommadées, lustrées, peintes et tirées à quatre épingles, ces dames ont en face d'elles d'affreuses femmes épaisses de taille, rougeottes, aux bras charnus, laissant voir, sortant des jupes aussi raides que courtes, des pieds complètement nus et d'une propreté douteuse, et, le dirai-je, coiffées, même au gros de l'été, de cet affreux bonnet de coton que nous appelons casque à mèche, quoique, d'après Béranger, le roi d'Yvetot en ait fait sa couronne d'apparat. Ce n'est pas tout : ces belles normandes ont presque toutes à la bouche un brûle gueule qu'elles fument avec un imperturbable sang froid.

Le tableau est original, mais il me semble peu gracieux.

L'ensemble pourtant séduit, car il se renouvelle à chaque instant. Le mélange de ces deux extrèmes, confortable élégant et laisser-aller malpropre, coupé par l'allée et venue de riches équipages, de caravanes d'ânes, de gens qui se battent les flancs pour conserver leur sérieux et le bon genre, tout cela intéresse le curieux et le distrait énormement.

Mais le moment où il faut voir Trouville ou plutôt la plage de Trouville, c'est l'heure de la marée. A la marée, tout le monde sort, tout le monde se dirige vers l'eau, tout le monde vient voir ou se montrer, se baigner ou contempler les amateurs de l'onde amère.

Les cabines se remplissent de gens de tout âge, de toute condition ; on revêt le costume de bains, et bientôt c'est une exhibition générale de torses et de mollets, de poitrines velues et de bras roses. Les uns marchent mollement, les autres se précipitent; celui-ci se roule dans le sable, celui-là s'enveloppe majestueusement dans un peignoir blanc, tous finissent par s'enfoncer dans les vagues et disparaître presque en entier dans l'écume

BIBLIOTHÈQUE NATIONALE — R.F. — IMPRIMÉS

que produit plus encore le mouvement des membres que l'agitation des lames.

Pendant ce temps, les maîtres nageurs, vêtus de leur costume bariolé et le chapeau de paille sur l'arrière de la tête, la main droite appuyée sur la hanche, attendent les aimables baigneuses qui vont s'abandonner à eux et quand le précieux et vivant fardeau s'est confié à la vigueur de leurs muscles et à la pureté de leurs regards, ils s'avancent, robustes tritons, à travers les lames et les nageurs, pour montrer à ces femmes charmantes qui tiennent à passer pour des néréides, les principes élémentaires de la coupe et de la brassée, du plongeon et de la planche.

Pendant ce temps encore, le bruit des grelots retentit à droite, à gauche, un peu partout. A des cabines roulantes sont attelés des chevaux qui, plus dociles que les chevaux d'Hippolyte, fils de Thésée, ne craignent pas de voir soulever les *montagnes humides* et s'enfoncent dans la mer jusqu'au poitrail, quelquefois jusqu'aux naseaux. De ces véhicules légers s'élancent une, deux, trois nageuses intrépides ou quelques jeunes filles modestes qui craignent, chastes Suzannes, de se laisser entrevoir par quelques vieillards britanniques.

Et ce tableau animé, toujours le même quoique se modifiant sans cesse, dure jusqu'au moment où la marée se retire. Il y a deux heures à peine, la plage était sèche comme un vieux madrépore, maintenant elle est humide et raffermie par l'eau qui vient de la couvrir. On peut suivre la mer qui s'en va insensiblement jusqu'au lit moyen qu'elle occupe. Sur ce sable fin, doux comme le plus délicat tapis de Turquie, hommes et enfants, jeunes femmes et vieilles mamans qui cherchent à reconquérir un regain de jeunesse, tout rentre dans les cabines, les vêtements de bain collés sur le corps et dessinant les formes. Les petits chevaux secouent leur crinière, les maîtres nageurs redeviennent des hommes... Encore un instant et la plage sera déserte.

L'animation qui l'embellissait a été transportée dans la ville ; casinos, cafés, hôtels, tout est rempli. Si l'heure du dîner n'est pas arrivée, les liquides apéritifs circulent ; si c'est le moment de se mettre à table, c'est un bruit de fourchettes et un cliquetis de verres du meilleur aloi.

Soyons sans inquiétude sur la fin de la journée : Trouville, pendant la saison, offre de nombreuses distractions ; mais mon affaire n'est pas de les examiner en détail.

Le devoir que je me suis imposé consiste à traiter de la plage au point de vue des bains de mer et de la comparer à la plage du Prado. Eh bien ! disons-le franchement, comme plage proprement dite, sous le triple rapport de l'étendue, de la finesse du sable et de la commodité, Trouville l'emporte de beaucoup sur le Prado. Le Prado, hélas ! comme on nous l'a fait, pour établir la route de Montredon, n'est presque plus une plage : des rochers jetés avec intention retiennent l'algue expulsée par la mer, les cailloux s'entassent inégalement, les vagues ne s'étendent plus comme autrefois et n'expirent plus mollement sur le sable ; on en est réduit à entrer dans des cabines, à descendre un escalier en planches, au risque de glisser et de se meurtrir les jambes si on ne se retient solidement à une corde ou à une rampe en bois, et cette fameuse inscription placée à distance, sur deux perches jumelles : *Côté des hommes, côté des dames,* rend impossibles ces réunions d'amis que tout à l'heure je dépeignais avec le ton de vérité que d'intimes souvenirs imposent à ma plume.

Bains de mer de ma jeunesse, qu'êtes-vous devenus!

Le Prado donc le cède à la plage de Trouville sous quelques rapports... Mais voici une chose qui doit équilibrer les avantages : l'eau du Prado est toujours claire comme le cristal de roche, l'eau de Trouville, au contraire, est presque constamment limoneuse.

Ce n'est, pour ainsi dire, point l'eau de la mer qui baigne Trouville, c'est l'eau de la Seine, c'est l'eau de la Touques. La Seine, géographiquement parlant, est peut-être loin de là, mais ce fleuve puissant charrie une masse d'eau considérable et avec elle un limon jaunâtre qui, même au loin, teinte la Manche et lui ôte sa limpidité. De son côté, la Touques, soumise aux influences de la marée, déverse sa part de matières vaseuses et c'est sur la plage de Trouville que ce mélange s'opère.

La mode qui a fait la réputation de cette ville d'eau n'a pas considéré ce désagrément ; on a vu la plage, on y a rassemblé beaucoup d'agréments, les Anglais s'y sont portés en foule, les Parisiens ont aidé au mouvement, et les cocottes en renom de l'Empire ont fait le reste.

Je rends justice à Trouville, mais, nageur avant tout, la couleur laiteuse de sa plage m'a frappé et m'a paru fort désagréable.

Mes impressions sont résumées dans la pièce de vers que voici et que j'intitule :

A TROUVILLE.

Adieux d'un baigneur forcené.

Le moment de partir est venu, cher Trouville ;
Laisse-moi t'adresser mes timides adieux,
Mais sans pleurs ni sanglots, car je crois inutile
De tourmenter mon nez et de rougir mes yeux.
Le vapeur qui m'attend se couvre de fumée,
La chaudière frémit, et déjà le sifflet
Redit aux voyageurs que l'heure est arrivée
De couper court aux mots d'amour et de regret.
Trouville, qui m'as vu nu des pieds jusqu'au crâne
Tu connais les exploits que je fis sur tes bords,
Mais j'eusse fait bien plus, si l'onde diaphane
M'eût laissé plus souvent développer mon corps.

Semblable au Romulus du tableau des Sabines,
J'ai montré chaque jour mes muscles et mes nerfs ;
Rejetant loin de moi vêtements et bottines,
Comme du cuir tanné j'ai fait durcir mes chairs.
J'ai lutté maintes fois, au fort de la marée,
Avec tous les héros de la natation ;
Sous des regards tremblants, d'une main assurée
Bien souvent j'ai tenu la barre ou l'aviron.
Tes chevaux attelés aux humides cabanes,
J'ai su les diriger dans les flots sans efforts....
Mais, las ! rien ne rendait tes eaux plus diaphanes
Quand venait le moment d'y rafraîchir mon corps.

Comme autant de châlets arrivés de la Suisse
Tes légères maisons s'accrochent au côteau,
Et l'effet en est tel, que je doute qu'on puisse
Imaginer jamais un ensemble plus beau.

Les façades, les toits ont chacun leurs nuances :
Rouge, marron et noir, jaune, bleu, blanc et vert,
Quand le rideau du fond graduant les distances ,
Sans l'aide de la brume, à l'horizon se perd.
Et pendant qu'au soleil tout luit et se pavane,
Les flots en murmurant caressent tes abords...,
Ah ! ce serait parfait, si l'eau plus diaphane
Permettait quelquefois de s'y voir tout le corps.

De tes nombreux hôtels j'admire l'étendue ,
Les kiosques, les jardins, les chambres, les salons ;
Mais j'admire surtout l'excellente tenue
(Cravate blanche et frac) de messieurs les garçons.
Que de piquants ragoûts sortis des casseroles !...
Que de fois mon palais trouva pleins de saveur
Ces crabes, ces homards, ces crevettes, ces soles
Que l'art du cuisinier fait changer de couleur !
A tes concerts j'ai pu, sans être mélomane,
Entendre bien des chants autant que des accords...
Mais je n'ai jamais pu, dans une eau diaphane,
Jouir, quand je plongeais, du bruit que fait mon corps.

Quel air de dignité sur tes bords on respire,
Grâce aux fils d'Albion ! — Comme tous ces baigneurs,
Quand vous les regardez, ont un air à vous dire :
« Nous avons de l'argent et sommes grands seigneurs. »
Les dames font assaut de goût et de toilette,
Elles parlent l'argot des salons de Paris,
Jouant au baccarat ainsi qu'à la roulette,
Et sachant sur le turf tenir de gros paris.
Puis, quand vient la marée, on les voit, ces sultanes,
De leur personne à l'eau confier les trésors...
Mais malheureusement les eaux peu diaphanes
Cachent aux curieux les grâces de leur corps.

Trouville, que de fois n'ai-je admiré le casque
Dont les femmes chez toi se font un ornement ;
Combien je le préfère à ce semblant de masque
Que les dames chez nous mettent effrontément.

Chez elles ni chignons, ni lourde chevelure
Que l'élégant coiffeur à fournis à grands frais,
Et rien ne vient changer l'aspect et la tournure
De ces crânes normands que la nature a faits.
Point de robe à longs plis que la poussière fane
Et qui dans le ruisseau laisse tremper ses bords...
Mais j'aurais désiré, dans une eau diaphane
Au moins de temps en temps me frotter tout le corps

Mais, hélas! tout prend fin en ce monde, ô Trouville :
Octobre arrive et l'eau n'est guère de saison.
Tout nageur que je suis je vais grossir la file
De ceux qui trop frileux regagnent leur maison.
Adieu, ville de bains! On redira sans doute
Tes succès éclatants dans le siècle à venir ;
Tant qu'en tiendra la mode, on verra sur ta route
Les malades nombreux qui n'ont rien à guérir.
Adieu donc, nid charmant, où tant de monde flâne,
Où l'on voit tant d'écus sortir des coffreforts...
J'emporte le regret... sur une eau diaphane
De n'avoir jamais pu laisser flotter mon corps.

Quittons le domaine de la fantaisie pour retomber dans celui de la réalité et tâchons de tirer une conclusion raisonnable.

Avec tous les avantages que la nature lui avait donnés, la plage du Prado, animée par le voisinage du château Borély, de la promenade et des nombreuses villas qui les avoisinent l'un et l'autre, était unique au monde. A proximité de Marseille, cette ville bénie, faite pour convier tous les étrangers et charmer les touristes, cette plage devait être soignée avec amour, entretenue avec dévouement. Or, les diverses municipalités qui se sont succédé depuis vingt ans, l'ont détruite et rendue impropre aux bains de mer.

Il ne fallait qu'un peu d'intelligence et de bon sens,

non seulement pour la conserver, mais encore pour l'embellir. Au lieu de continuer, en suivant la mer, le chemin dit de la Corniche jusqu'à Montredon, il fallait, quand la ville est devenue propriétaire du Château Borély et de ses dépendances, tracer la route à cent mètres de la mer, démolir le mur qui existait naguère tout le long de la plage, planter plusieurs allées de tamaris, ces arbres gracieux qui s'accommodent si bien des brises marines, enlever quelques tombereaux de cailloux, niveler le sol et laisser les vagues s'étendre largement jusqu'au pied des arbres qu'on eût multipliés à volonté.

La plage du Prado devenait alors l'endroit le plus propice, le plus frais, le plus agréable en un mot qu'on eût imaginé, depuis Fos jusqu'à Bandol. Les étrangers y seraient accourus en foule pour s'y baigner, les familles marseillaises en eussent fait les rendez-vous de leurs parties de plaisir.

Trouville, à côté du Prado, n'était plus qu'une plaine sablonneuse ; la plage du Prado était la plage-reine de la Méditerranée ; aussi, je ne saurais trop protester contre sa destruction par les Marseillais eux-mêmes.

www.ingramcontent.com/pod-product-compliance
Ingram Content Group UK Ltd.
Pitfield, Milton Keynes, MK11 3LW, UK
UKHW022245070726
13613UKWH00005B/2113